1시간에 끝내는 영어발음

1시간에 끝내는 영어발음

1판 1쇄 발행 2010년 10월 13일
1판 3쇄 발행 2016년 2월 12일

지은이	Mike Hwang, Daniel Neiman
펴낸이	박찬영
기획편집	박시내, 김혜경, 한미정
디자인	미래소년
마케팅	이진규, 장민영

발행처	리베르
주소	서울시 성동구 성수일로77 서울숲IT밸리 301호
등록번호	제2003-43호
전화	02-790-0587, 0588
팩스	02-790-0589
홈페이지	www.리베르.com
커뮤니티	blog.naver.com/liber_book(블로그) www.facebook.com/liberschool(페이스북)
e-mail	skyblue7410@hanmail.net
ISBN	978-89-91759-00-8 (13740)

리베르(Liber 전원의 신)는 자유와 지성을 상징합니다.

1시간에 끝내는 영어발음

Mike Hwang & Daniel Neiman

리베르

ratio
period
refrigerator

한번 읽어보세요.

영어를 못 읽는 이유

영어를 처음 배울 때, 학교에서 배운 것을 복습하기 위해 다시 책을 펼쳐보면 읽을 수가 없었다. 사전을 찾아봐도 각 단어 옆에는 영어와는 다른 문자들이 쓰여 있었다. 그 문자들에 대해서 배우고 싶었지만 배울 기회도, 방법도 많지 않았다.

그래서 발음을 제대로 배우지 못한 채 영어를 공부했다. 읽지도 못하는 영어가 제대로 될리가 없다. 나는 운이 없었지만, 배운다고 배운 사람들도 제대로 읽는 경우는 드물다.

영어를 읽지 못하는 이유는 영어는 철자대로 소리 나지 않기 때문이다. 예를 들어 a가 아가 아니라 어나 애로도 발음된다. (예: around-어라운드, apple-애플) 불편하기 때문에 철자대로 소리 나도록 바꿔야 한다는 주장도 있지만, 언어는 사회적인 약속이기 때문에 앞으로도 쉽게 바뀌진 않을 것이다.

[reiʃou]
[piəriəd]
[rifridʒəreitər]

이건 어때요?

영어 발음책

아이들을 위한 책은 1년이 넘게 걸려야 끝낼 수 있는 장기적인 코스가 있고, (물론 발음기호는 알려주지 않는 경우가 더 많다.) 기초를 제대로 배우지 못한 성인 대다수는 감(感)으로 읽는다. 그런데 발음이 제대로 안 되면, 영어가 잘 들리지도 않고 기억에 오래 남지도 않는다. 막상 책을 찾아보면 대부분 너무 두꺼워서 큰맘 먹고 읽어도 끝까지 한번 읽기가 어렵다.

이 책은 일상생활에서 자주 쓰이는 기본 단어를 사용하여 어떤 발음기호와 철자가 어떻게 발음이 되는지, 자신이 어떤 발음을 못해서 영어 발음이 이상한지 알게 하고 발음 공부를 단시간에 끝낼 수 있게 만들었다.

영어를 처음 배우는 사람은 단어를 익히면서 발음을 배울 수 있고, 어느 정도 영어를 하는 사람은 자신의 발음 중 어떤 부분이 이상한지 확인해 볼 수 있도록 구성했다.

eat : 잇트? 잇ㅌ?
they, day, : 데이? 떼이? 쎄이?
light, right : 라이트? 을라이트? 롸이트?
easy, edge : s? z? ʤ?

영어 발음의 다른 점

한글은 모음 없이 자음만 존재할 수 없지만 영어는 가능하다. 예를 들면, EAT의 T를 소리 낼 때 T 뒤에는 모음이 없으므로 목이 울리지 않아야 한다. 잇을 소리 낸 뒤 입 모양은 놔두고, 목이 울리지 않게 ㅌ를 소리 낸다.

한글에 없는 자음, 모음이 영어에는 많이 존재한다. ð과 θ는 한글에 존재하지 않는 자음이다. ㄷ과 비슷하지만 다르다. ㄷ은 오히려 D에 더 가깝다. L은 초성일 때 ㄹ과 비슷하지만, 종성으로 가면 ㄹ과 많이 다르다. L과 비슷한 R도 한글에는 없는 소리이다. Z도 한글의 ㅈ보다 많이 울린다. [ʤ]는 ㅉ에 가까운데 ㅉ처럼 소리 나기보다는 쮀같이 소리 난다. 이 외에도 소리 대부분이 한글의 발음과는 차이가 있다.

이처럼 한글에 없는 소리가 많기 때문에, 한글과 1:1로 대응시켜서 생각하면 발음이 이상하고 늘지 않게 된다. 한글 설명은 참고만 하고, 자신의 발음과 원어민의 발음을 비교해 보면서 되도록 비슷하게 소리 내도록 해야 한다.

1 a b k d e f g h i j k l m n
　o p q r s t u v w z k s j z
2 ʤ ʃ tʃ ð θ ŋ
3 ɪ iː e æ ə ʌ c ɜr ɜː
4 ai au ei ou
5 +α

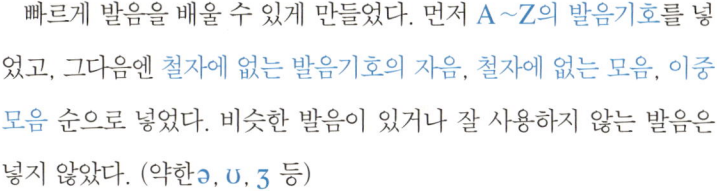
이 책은...

빠르게 발음을 배울 수 있게 만들었다. 먼저 A~Z의 발음기호를 넣었고, 그다음엔 철자에 없는 발음기호의 자음, 철자에 없는 모음, 이중모음 순으로 넣었다. 비슷한 발음이 있거나 잘 사용하지 않는 발음은 넣지 않았다. (약한 ə, ʊ, ʒ 등)

설명은 한글과의 차이점 위주로 핵심부분만 설명했다. 발음의 모든 사례를 다 설명하려면 책이 두꺼워질 뿐만 아니라 배우는 입장에서도 효율성이 떨어진다. 예를 들어 si**de**, fa**te**, sa**ve**, li**ke**, fa**me** 을 보면 -de, -te, -ve, -ke, -me 로 끝나는데 자음+e로 끝나면 그 바로 앞의 모음은 길게 소리 난다. 여기서 i는 [ai]로 소리 나고 a는 [ei]로 소리 난다. (항상 그런것은 아니다. live, have 같은 예외도 있다.)

이런 식으로 사례별로 설명하기 시작하면 체계적이긴 하나, 단시간에 발음을 끝내는 건 불가능하다. 그래서 핵심적인 것만 설명하고 구체적인 부분은 설명 없이 단어의 예를 직접 따라 하면서 익힐 수 있도록 했다.

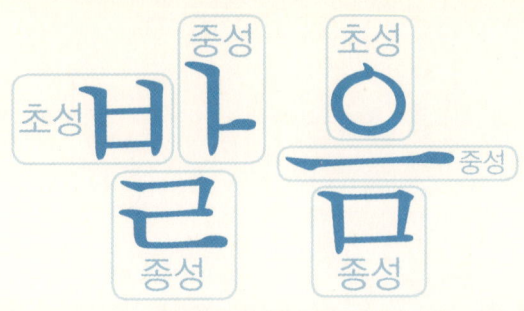

단어 선별

　단어의 예는 그 철자가 단어의 앞에 있을 때(한글의 초성)와 중간에 있을 때(한글의 중성), 끝에 있을 때(한글의 종성)를 골고루 넣었다. 한 발음당 기본 단어 10개, 심화 단어 10개를 수록했고, 잘 사용하지 않는 미니멀 페어는 1~2개, 자주 사용하는 미니멀페어는 6개까지 넣었다. 어휘의 난이도는 되도록 중학생 수준을 벗어나지 않도록 했다.

　심화 단어에는 미니멀 페어 위주로 넣었다. 미니멀 페어란 발음의 한 부분만 다르고 나머지 부분이 같은 단어를 말한다. 예를 들어 hit, bit, sit는 맨 앞의 자음만 바뀌는 미니멀 페어이고, bit, bat, but는 중간의 모음만 바뀌는 미니멀 페어이다. 미니멀 페어를 통해 단어들의 공통점과 차이점을 익힐 수 있다.

책의 구성 1

❶ 페이지의 발음기호. 알파벳에 가장 근접한 발음 기호이다.
❷ 소리 나는 위치는 모음은 글자로만 설명했는데, 입 안쪽과 입 바깥쪽 두 가지이고, 자음은 구강구조 그림에 점으로 설명했다. (다음 페이지 상단 그림 참조)
❸ 입의 크기는 모음에만 나오는데 크게, 중간, 작게 3가지이다.
자음에는 입의 크기 대신에 유성음과 무성음이 나온다.
유성음은 '울림 여부 O', 무성음은 '울림 여부 X'로 표시했다.
유성음 - *bdgjlmnrvwz*, 무성음 - *hkpqst*

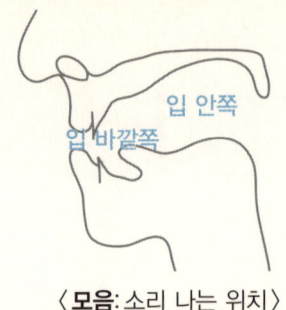
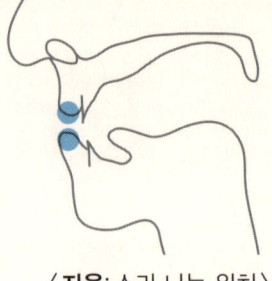

〈**모음**: 소리 나는 위치〉　　　〈**자음**: 소리 나는 위치〉

책의 구성 2

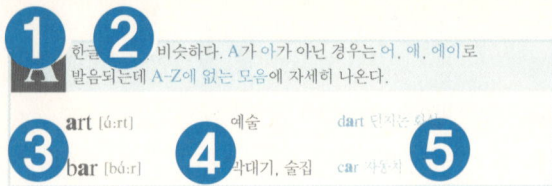

① 페이지의 알파벳.

② 발음 설명. 푸른 글씨는 작은따옴표 대신 사용했다.

③ 기본 단어와 발음기호. 기본 단어의 굵은 글씨는 그 페이지의 발음기호와 같은 발음을 의미한다. 발음기호는 필요할 때만 볼 수 있도록 음영을 주었다.

④ 기본 단어의 뜻.

⑤ 심화 단어와 단어의 뜻.

첫 번째, 두 번째 들을 때: 원어민 먼저

원어민	art	bar	star	sharp	hard	
학습자	art	bar	star	sharp	hard	→ 시간

세 번째 들을 때: 학습자 먼저

원어민	art	bar	star	sharp	hard	
학습자	art	bar	star	sharp	hard	→ 시간

공부법 1

첫 번째 들을 때는 단어는 보지 말고, 책의 설명 부분만 보고 들으면서 따라 읽는다. (절대 발음이 들릴 때 말해서는 안 된다. 들릴 땐 듣기만 하고 발음과 발음 사이의 공백에서 따라 해야 한다.) 눈으로 단어를 보게 되면 그동안의 습관대로 읽게 될 수 있다. 숙련된 사람은 이 단계는 건너뛰어도 좋다.

두 번째 들을 때는 설명 부분은 되도록 보지 말고, (궁금할 때만 본다.) 눈으로 영어 철자를 확인하면서 따라 읽는다.

세 번째 들을 때는 들리기 전에 먼저 영어 철자만 보고 읽은 뒤, 자신이 읽은 것이 맞는지 원어민이 읽어주는 발음을 들어본다.

초보자는 먼저 기본 단어만 한두 번 듣고, 심화 단어를 함께 반복한다. 어느 정도 발음할 수 있는 사람은 기본 단어와 심화 단어를 함께 듣고 반복해도 된다. 각 페이지(철자)마다 3번씩 읽으면서 진행하는 게 좋지만, (A[a]를 3번, B[b]를 3번, C[k]를 3번 이런 식으로) 귀찮다면 A부터 Z까지 쭉 듣고 다시 반복하는 방법도 상관없다.

CD의 MP3는 3가지로 녹음되어 있습니다.
1. 기본 단어
2. 심화 단어
3. 기본 단어 + 심화 단어

공부법 2

어느 정도 익숙해지면 문장 읽기 연습을 한다. 수준에 맞는 콘텐츠를 찾아서 읽어본다. 콘텐츠는 연설, 드라마, 영화 어떤 것도 좋다. 중요한 점은 대본만 있는 게 아니라 원어민의 발음도 같이 있어야 한다.

학습 도중 발음이 궁금하면 대본의 단어를 사전에서 찾아보고 이 책의 예로 연습해본다. 자신의 발음을 녹음해서 들어보고 원어민 발음과의 차이도 확인해보자.

능력이 된다면 받아쓰기(dictation), 들으면서 동시에 말하기(shadowing)도 발음과 청취 능력 향상에 좋다. 발음의 왕도는 흉내 내는 것이다. 끊임없이 듣고 따라하라.

한 시간만 집중해서 이 책을 보면 영어 발음을 마스터할 수 있다. 숙련자는 한 시간에 3회, 초보자는 1~2회를 반복해서 볼 수 있을 것이다.

이 책이 나올 수 있었던 건

이분들 덕분입니다.

감사드립니다

한 권의 책이 나오기가 얼마나 어려운지를 볼 때, 여호와의 도움이 아니면 이 책은 나올 수 없었을 것이다.

함께 기획하고 발간해주신 박찬영 대표님께 감사드린다. 항상 큰 힘이 되어준 부모님과 의윤이에게 감사드린다. 바쁜 중에도 발음 녹음을 해준 Daniel에게 감사드린다.

영어에 흥미를 갖게 해준 문영미 선생님, 선생님이자 선배 강사로서 아낌없는 조언을 해주시는 임준영 선생님께 감사드린다. 밤새도록 영어에 대해 토론한 황석빈, 이 책의 이전 버전을 같이 만들어준 박동수, 김정희, 이전 버전의 아이폰 앱을 만들어준 IYC 이선진 선배와 Appsone 분들에게 감사드린다. 나를 가르쳐준 김태형, 안광욱, 안지미 디자인 선생님, 교수님들, 친구들 그리고 나에게 배웠던 수많은 학생들에게 감사를 드린다.

이 책을 구매해주신 분들께도 감사드리며, 궁금증은 카페 miklish.com에서 성실히 답변해 줄 것이다.

차례

머리말　　　　**A-Z**

4 ─────── **16** ● ● ● ● ● ● ● ● ● ● ● ● ●

- **4** 영어를 못 읽는 이유
- **5** 영어 발음책
- **6** 영어 발음의 다른 점
- **7** 이 책은...
- **8** 단어 선별
- **9** 책의 구성 1
- **10** 책의 구성 2
- **11** 공부법 1
- **12** 공부법 2
- **13** 감사드립니다

- **18** A [ɑ]
- **19** B [b]
- **20** C [k]
- **21** D [d]
- **22** E [e]
- **23** F [f]
- **24** G [g]
- **25** H [h]
- **26** I [i]
- **27** J [j]
- **28** K [k]

- **29** L [l]
- **30** L [l]
- **31** M [m]
- **32** N [n]
- **33** O [ɔ]
- **34** O [ou]
- **35** P [p]
- **36** Q [kw]
- **37** R [r]
- **38** R [r]
- **39** S [s]

- **40** T [t]
- **41** U [u]
- **42** V [v]
- **43** W [w]
- **44** X [z]
- **45** X [ks]
- **46** Y [j]
- **47** Z [z]

A-Z에 없는 자음	A-Z에 없는 모음	이중 모음 발음 팁		발음목록
48	**56**	**66**	**74**	**88**
㊿ j,g,dge [dʒ]	㊽ e [ɛ]	㊻ ai,y,ie [ai]	㊻ 모음이 없으면	⑨⓪ 발음위치:자음
㊶ sh,ti,ci [ʃ]	㊾ a [æ]	㊽ a,ei,ai,ay [ei]	⑦⑦ n+t,t+n	⑨① 발음위치:모음
㊷ ch,tu,tch [tʃ]	⑥⓪ a,e,o,u [ə]	⑦⓪ oi,oy [ɔi]	⑦⑧ 약한T 1	⑨② 찾아보기
㊸ th [ð]	⑥① o,u,ou [ʌ]	⑦① ear,eer [iər]	⑦⑨ 약한T 2	
㊹ th [θ]	⑥② a,o,aw [ɔ]	⑦② ou,ow [au]	⑧⓪ GH 1	
㊺ n,ng [ŋ]	⑥③ (a,e,i,o,u)r [ər]	⑦③ o,oa,ow [ou]	⑧① GH 2	
	⑥④ or [ɔr]		⑧② 연음 1	
	⑥⑤ ee,ea,ei,ie [iː]		⑧③ 연음 2	
			⑧④ 쌍자음	
			⑧⑤ 강세 1	
			⑧⑥ 강세 2	
			⑧⑦ 의문문	

A-Z

3

A-Z에 없는 자음 ・ A-Z에 없는 모음 ・ 이중 모음 ・ 발음 팁

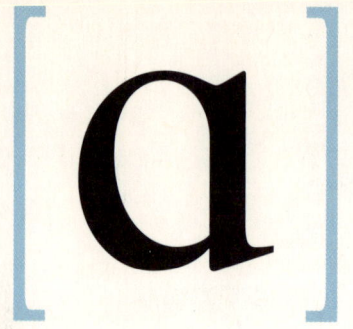

소리 나는 위치
입 바깥쪽

입의 크기
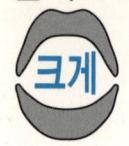

A 한글의 아와 비슷하다. A가 아가 아닌 경우는 어, 애, 에이로 발음 되는데 A-Z에 없는 모음에 자세히 나온다.

art [á:rt]　　　　예술　　　　　　dart 던지는 화살

bar [bá:r]　　　　막대기, 술집　　　car 자동차

star [stá:r]　　　별　　　　　　　spark 불꽃

sharp [ʃá:rp]　　날카로운　　　　charm 매력적인

hard [há:rd]　　 어려운, 딱딱한　　harden 딱딱하게 하다

apart [əpá:rt]　　떨어져서　　　　depart 출발하다

promise [prá:mis]　약속(하다)　　probably 아마도

lock [lák]　　　　잠그다　　　　　knock 두드리다

hot [hát]　　　　 뜨거운　　　　　heart 심장

spa [spá:]　　　　온천　　　　　　spot 지점

[b]

소리 나는 위치

울림 여부 **O**

ㅂ보다 강하고 목이 많이 울린다. ㅃ보다는 약하다.

B

bear [béər]	곰, 낳다, 참다	**b**eer 맥주
bike [báik]	자전거	**b**ite 물다
a**b**sent [ǽbsənt]	결석인	a**b**road 해외의
a**b**ove [əbʌ́v]	위쪽으로	a**b**ide 머물다
o**b**tain [əbtéin]	획득하다	o**b**ject 대상, 반대하다
ha**b**it [hǽbit]	습관	ra**bb**it 토끼
pu**b**lic [pʌ́blik]	공공의	pu**b** 술집
ro**b**e [róub]	긴 예복	tu**b**e 튜브, 관
jo**b** [ʤáb]	직업	su**b**- 하위의
ca**b** [kǽb]	택시	ca**b** 모자, 뚜껑

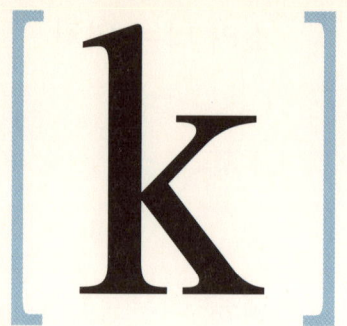

소리 나는 위치

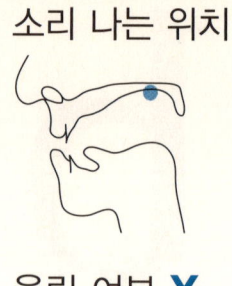

울림 여부 **X**

C

ㅋ 또는 ㅆ과 비슷하다.
발음기호에는 [c]가 없다. [k],[s]로 존재한다.

cash [kǽʃ]	현금	career	직업, 경력
cave [kéiv]	무덤	cage	새장
cream [kríːm]	크림	cross	십자가
court [kɔ́ːrt]	마당, 경기장	count	세다
active [ǽktiv]	활동적인	access	접근
actual [ǽktʃuəl]	현실의, 실제의	picture	그림
academy [əkǽdəmi]	학원	occur	발생하다
discuss [diskʌ́s]	토론하다	record	녹음하다
garlic [gáːrlik]	마늘	public	공공의
sick [sík]	아픈	neck	목

소리 나는 위치

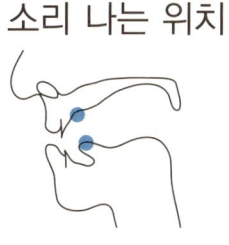

울림 여부 O

ㄷ과 비슷하다. 하지만 혀가 입천장 앞쪽에 닿는다.
윗니 바로 위에 위치하며 윗니에 닿지는 않는다.

dream [dríːm]	꿈(꾸다)	**d**rama 드라마
decide [disáid]	결심하다	**d**esign 디자인
dessert [dizə́ːrt]	디저트, 후식	**d**esert 사막
a**d**vice [ædváis]	충고하다	a**d**ult 어른(의)
un**d**er [ʌ́ndər]	~의 아래에	la**dd**er 사다리
calen**d**ar [kǽləndər]	달력	su**dd**en 갑작스러운
wor**d** [wə́ːrd]	단어	recor**d** 녹음하다
sen**d** [sénd]	보내다	spen**d** 쓰다
si**d**e [sáid]	쪽, 옆	pri**d**e 자존심
ri**d**e [ráid]	타다	an**d** 그리고

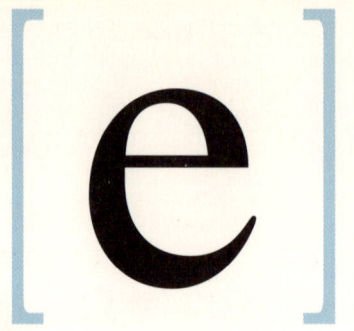

소리 나는 위치
입 바깥쪽

입의 크기

보통

E 한글의 에와 비슷하다.
에로 소리 나지 않는 경우는 이로 소리 난다.

effort [éfərt]	노력	elegant 우아한
envelope [énvəlòup]	봉투	any 약간(도)
neck [nék]	목	net 그물
lend [lénd]	빌려주다	rent 집세
weather [wéðər]	날씨	whether ~인지 어떤지
ready [rédi]	준비된	pleasure 즐거움
heavy [hévi]	무거운	deaf 귀먹은
guess [gés]	추측하다	bury 파묻다
address [ədrés]	주소	unless ~가 아닌한
necessary [nésəsèri]	꼭 필요한	accessory 장신구

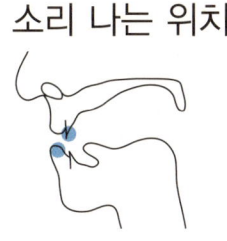

소리 나는 위치

울림 여부 **X**

윗니와 아랫입술이 스치면서 약하게 프소리를 내며 모음으로 연결한다. 절대 입술로만 소리 내려고 하면 안 된다.

F

family [fǽməli]	가족	**f**avor 호의	
fate [féit]	운명	**f**aith 신념	
for [fɔ́ːr]	~를 위해	**f**orm 형태	
phone [fóun]	전화기	**ph**oto 사진	
ele**ph**ant [éləfənt]	코끼리	em**ph**asis 강조	
di**ff**erent [dífərənt]	다른	a**ff**air 사건, 일	
a**ff**ect [əfékt]	영향을 미치다	de**f**ect 결점	
stu**ff** [stʌ́f]	물질, 물건	hal**f** 절반	
enou**gh** [inʌ́f]	충분한	lau**gh** 웃다	
sa**f**e [séif]	안전(한)	sa**v**e 구하다	

A-Z 23

[g]

소리 나는 위치

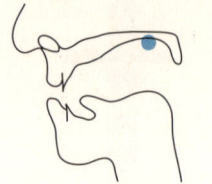

울림 여부 **O**

G ㄱ과 비슷하다. ㄱ보다 좀 더 입 안쪽에서 소리가 난다.

go [góu]	가다	**g**oat 염소
good [gúd]	좋은	**g**reat 대단한
grand [grǽnd]	웅장한	**g**roup 집단
garbage [gáːrbidʒ]	쓰레기	ma**g**azine 잡지
a**gree** [əgríː]	동의하다	de**g**ree 정도, 학위
sin**gle** [síŋgl]	단 하나의	ea**g**le 독수리
big [bíg]	큰	e**gg** 달걀
pig [píg]	돼지	pick 집다
dog [dɔ́ːg]	개	duck 오리
bag [bǽg]	가방	back 등, 뒤

[h]

소리 나는 위치

울림 여부 **X**

ㅎ과 비슷하다. ㅎ보다 더 목 깊은 데서부터 소리가 난다.

H

hi [hái]	안녕	**high** 높은
happy [hǽpi]	행복한	**hate** 싫어하다
hand [hǽnd]	손	**handsome** 잘생긴
head [héd]	머리	**hair** 머리털
hear [híər]	듣다	**heard** 들었다
hit [hít]	치다	**hip** 엉덩이
heat [híːt]	열, 뜨겁게하다	**heap** 더미
who [húː]	누구	**whole** 전체의
ahead [əhéd]	앞으로	**behind** ~의 뒤에
perhaps [pərhǽps]	아마	**enhance** 강화하다

[i]

소리 나는 위치
입 바깥쪽

입의 크기

I 한글의 이와 비슷하다. 이가 아닌 경우엔 아이로 소리 난다.
뒷부분에 나오는 장모음 이[iː]와는 명확히 구분해준다.

increase [inkríːs]	늘다	**i**mmediate	즉시의
imagine [imǽdʒin]	상상하다	eng**i**ne	발동기
l**i**d [líd]	뚜껑	r**i**ng	반지, 고리
bu**i**ld [bíld]	짓다	b**u**sy	바쁜
r**e**late [riléit]	관련시키다	wall**e**t	지갑
pr**i**son [prízn]	감옥	hor**i**zon	수평선
pock**e**t [pákit]	호주머니	pal**a**ce	궁전
no**i**sy [nɔ́izi]	시끄러운	sal**a**ry	봉급
merr**y** [méri]	명랑한	vall**ey**	계곡
mone**y** [mʌ́ni]	돈	hon**ey**	꿀

[j]

소리 나는 위치
입 바깥쪽

입의 크기

혀에 힘을 준 이와 비슷하다. 주로 옆에 다른 모음이 붙어서 이중 모음처럼 소리 난다. 한글의 야여요예유를 소리 낼 때 쓴다.

J

yes [jés]	네 (동의할 때)	yet 아직	
yard [jɑ́ːrd]	마당	year 연도	
young [jʌ́ŋ]	젊은	youth 젊음	
universe [júːnəvə̀ːrs]	우주	community 공동 사회	
uniform [júːnəfɔ́ːrm]	유니폼	unite 결합하다	
usual [júːʒuəl]	보통의	useful 유용한	
beauty [bjúːti]	아름다움, 미인	museum 박물관	
million [míljən]	100만	onion 양파	
dispute [dispjúːt]	논쟁하다	compute 계산하다	
few [fjúː]	(수가)적은	nephew 조카	

[k]

소리 나는 위치

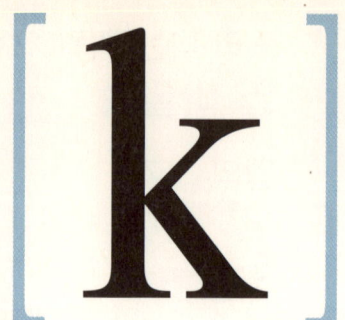

울림 여부 **X**

K ㅋ과 비슷하다.

key [kíː]	열쇠	**k**ill	죽이다
kite [káit]	연	s**k**ate	스케이트(를 타다)
king [kíŋ]	왕	**k**ind	친절한
ta**ke** [téik]	가져가다	li**k**e	좋아하다
class [klǽs]	학급	**c**razy	미친
thin**k** [θíŋk]	생각하다	bi**k**e	자전거
tra**ck** [trǽk]	철도, 경주로	tru**ck**	트럭
uni**que** [juːníːk]	유일무이한	techni**que**	기법
stoma**ch** [stʌ́mək]	위, 배	**ch**aos	혼돈
know [nóu]	알다	**k**nife	칼

[1]

소리 나는 위치

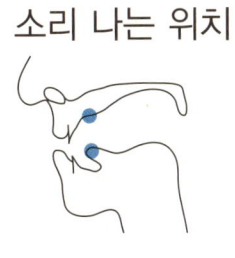

울림 여부 **O**

단어 앞에 올 때는 ㄹ과 비슷하나 약하게 을소리가 먼저 난다.
입천장의 딱딱한 부분에 혀가 닿았다 떨어지면서 소리 난다.

L

look [lúk]	보다	luck 행운
load [lóud]	짐을 싣다	lead 인도하다
line [láin]	끈, 선	lion 사자
lamb [lǽm]	새끼양	lamp 등불
lady [léidi]	숙녀	label 라벨
learn [lə́ːrn]	배우다	run 달리다
leg [lég]	다리	left 왼쪽의
lemon [lémən]	레몬	leap 껑충뛰다
live [lív]	살다	life 생명
love [lʌ́v]	사랑(하다)	lunch 점심식사

[1]

소리 나는 위치

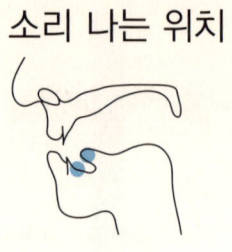

울림 여부 **O**

L 받침으로 쓸 때는 혀끝이 아랫니 밑쪽 입 아랫부분의 앞쪽에 닿는다. L뒤에 모음이 오면 ㄹㄹ로 소리 난다. (예:please 플리즈)

please [plíːz]	제발	clown 광대	
balloon [bəlúːn]	풍선	police 경찰	
swallow [swálou]	삼키다	yellow 노란색	
color [kʌ́lər]	색깔	dollar 달러	
film [fílm]	영화	calm 고요한, 평온한	
tall [tɔ́ːl]	키가 큰	roll 구르다	
tell [tél]	이야기하다	sell 팔다	
castle [kǽsl]	성	battle 싸움	
rule [rúːl]	규칙	hole 구멍	
pool [púːl]	웅덩이, 수영장	poor 가난한	

소리 나는 위치

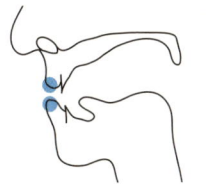

울림 여부 **O**

ㅁ과 비슷하다. ㅁ보다 코가 많이 울린다.

M

milk [mílk]	우유	**m**ail 우편물
man [mǽn]	남자	**m**any 수가 많은
most [móust]	대부분, 가장 큰	**m**ask 가면
me**m**ber [mémbər]	회원	nu**m**ber 숫자
mind [máind]	마음, 정신	**m**issile 미사일
make [méik]	만들다	s**m**oke 연기, 담배피우다
cha**m**ber [tʃéimbər]	방	re**m**e**m**ber 기억하다
su**mm**er [sʌ́mər]	여름	te**m**ple 신전
ho**m**e [hóum]	가정, 집	har**m** 해악
co**m**b [kóum]	빗	pal**m** 손바닥

[n]

소리 나는 위치

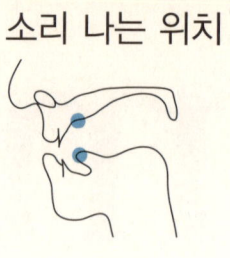

울림 여부 **O**

N ㄴ과 비슷하다. ㄴ보다 코가 많이 울린다.

no [nóu]	아니오	**n**ose 코
know [nóu]	알다	**kn**ee 무릎
nice [náis]	좋은	**n**ight 밤
net [nét]	그물	pla**n**et 행성
noon [núːn]	정오	**n**one 아무도 ~않다
chi**n**a [tʃáinə]	중국	chai**n** 사슬
pai**n**t [péint]	물감, 그리다	sai**n**t 성인
frie**n**d [frénd]	친구	bra**n**d 상표
u**n**cle [ʌ́ŋkl]	삼촌	u**n**til ~할 때까지
sig**n** [sáin]	기호, 신호	foreig**n** 외국의

소리 나는 위치
입 안쪽

입의 크기

O는 주로 어[ɔ]나 오우[ou]로 발음된다.
어[ɔ]는 A-Z에 없는 모음에서 다시 설명한다.

all [ɔ́ːl] 전체의 **al**ready 이미

ball [bɔ́ːl] 공 **h**all 넓은방, 홀

long [lɔ́ːŋ] 긴 p**o**rt 항구

boil [bɔ́il] 끓다 c**oi**n 동전

talk [tɔ́ːk] 대화하다 ch**al**k 분필

pork [pɔ́ːrk] 돼지고기 f**or**k 포크

cost [kɔ́ːst] 비용 c**oa**st 해안

floor [flɔ́ːr] 방바닥 ind**oo**r 실내의

draw [drɔ́ː] 당기다, 그리다 d**aw**n 새벽

saw [sɔ́ː] 보았다 l**aw** 법

소리 나는 위치
입 바깥쪽

입의 크기

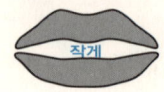

O

O는 주로 어[ɔ]나 오우[ou]로 발음된다.
오우[ou]는 이중 모음에서 다시 설명한다.

over [óuvər]	~위에	ocean 바다	
own [óun]	자기 자신의	locate 위치시키다	
gold [góuld]	금	folk 민족	
moment [móumənt]	순간	most 대부분, 가장	
clothes [klóuz]	옷	suppose 가정하다	
road [róud]	길	goal 목적, 목표	
coast [kóust]	해안	cost 비용	
flow [flóu]	흐르다	follow 뒤따르다	
shadow [ʃǽdou]	그림자	pillow 베개	
hero [híərou]	영웅	toe 발가락	

소리 나는 위치

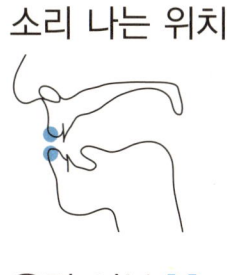

울림 여부 X

ㅍ과 비슷하다. ㅍ은 입 바깥쪽만 터져서 소리 나는 반면에 P는 입이 전체적으로 진동하면서 강하게 소리 난다.

P

pick [pík]	집다	**p**icture 그림
place [pléis]	장소	**p**alace 궁전
pilot [páilət]	조종사	**p**ipe 관
re**p**eat [ripíːt]	반복하다	defeat 쳐부수다
re**p**ort [ripɔ́ːrt]	보고(하다)	su**pp**ort 지원하다
a**pp**ear [əpíər]	나타나다	a**pp**eal 호소하다
a**pp**ly [əplái]	적용하다	su**pp**ly 공급하다
peo**p**le [píːpl]	사람들	sim**p**le 간단한
chea**p** [tʃíːp]	값이 싼	shee**p** 양
tri**p** [tríp]	여행(하다)	ti**p** 끝 부분, 조언

[kw]

소리 나는 위치

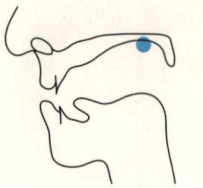

울림 여부 **X**

Q [q]뒤에 주로 [w]가 함께 와서 쿠로 발음된다.
발음기호에는 [q]가 없다. [k]로 존재한다.

queen [kwíːn]	여왕	**qu**iz 간단한 시험
quality [kwálәti]	품질	**qu**antity 양
quarter [kwɔ́ːrtәr]	4분의 1	**qu**arrel 말다툼
quick [kwík]	빠른	**qu**it 그만두다
quiet [kwáiәt]	조용한	**qu**ite 꽤
qualify [kwálәfài]	자격을 주다	**qu**ote 인용하다
quaint [kwéint]	기묘한	ac**qu**aint 알리다
re**qu**est [rikwést]	신청하다	re**qu**ire 요구하다
s**qu**are [skwɛ́әr]	광장, 정사각형	s**qu**irrel 다람쥐
uni**que** [juːníːk]	유일무이한	techni**que** 기법

[r]

소리 나는 위치

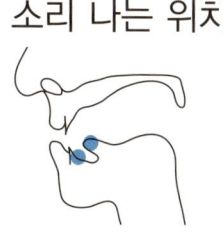

울림 여부 O

혀를 안쪽으로 말아준 뒤, 약하게 루소리를 내면서 아랫니의 밑부분에 혀의 앞부분이 닿으면서 모음으로 연결한다.

R

read [ríːd]	읽다	**ready** 준비된
return [ritə́ːrn]	돌려주다	**really** 정말로
bread [bréd]	빵	**breed** 양육하다
rich [rítʃ]	부유한	**refrigerator** 냉장고
rope [róup]	밧줄	**rose** 장미
eraser [iréisər]	지우개	**ratio** 비율
drive [dráiv]	운전하다	**grass** 잔디
pretty [príti]	예쁜	**print** 인쇄하다
green [gríːn]	녹색의	**grandparent** 조부모
wrist [ríst]	손목	**wrap** 감싸다

[r]

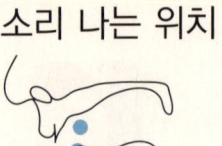
소리 나는 위치

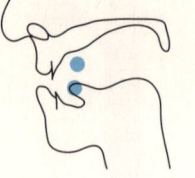
울림 여부 O

R 받침으로 쓰일 때는 혀가 아랫니 밑부분의 입 안쪽에 닿지 않는다.
혀를 입 안쪽으로 말아준 뒤 약하게 어로 소리 낸다.

mart [máːrt]	시장	smart 영리한
first [fə́ːrst]	첫째의	sort 종류
general [dʒénərəl]	일반적인, 장군	funeral 장례식
forever [fɔːrévər]	영원히	fever 열
person [pə́ːrsn]	사람	perfect 완벽한
enter [éntər]	들어가다	order 순서, 명령(하다)
or [ɔ́ːr]	또는	air 공기
far [fáːr]	먼	fur 털
door [dɔ́ːr]	문	deer 사슴
bar [báːr]	막대기, 술집	guitar 기타

[S]

소리 나는 위치

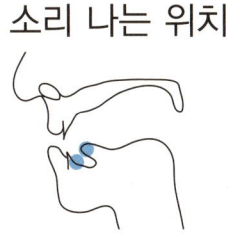

울림 여부 X

ㅆ보다 조금 약한 ㅅ소리이다. ㅅ보다는 강하다.
S가 ㅈ[z]으로 소리 나기도 한다.

speak [spíːk]	말하다	**s**teak 두껍게 썬 고기
science [sáiəns]	과학	**p**sycho 정신병자
scene [síːn]	장면	a**sc**end 오르다
bi**c**ycle [báisikl]	자전거	re**c**ycle 재활용하다
city [síti]	도시	**c**ivil 시민의
a**s**k [ǽsk]	묻다	di**s**cover 발견하다
li**s**ten [lísn]	귀기울이다	ca**s**tle 성
ga**s** [gǽs]	가스, 기체	gue**ss** 추측하다
fen**c**e [féns]	울타리	di**c**e 주사위
u**s**e [júːz]	사용하다	vi**s**it 방문하다

[t]

소리 나는 위치

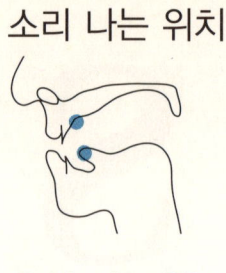

울림 여부 **X**

T ㅌ과 비슷하다. 혀가 윗니 바로 위 입천장의 딱딱한 부분(잇몸, 치경)에 닿는다. 윗니에 닿지는 않는다.

tea [tíː]	차	**teenager** 10대 소년소녀
today [tədéi]	오늘	**together** 함께
triangle [tráiæŋgl]	삼각형	**rectangle** 직사각형
talent [tælənt]	재능	**parents** 부모님
student [stjúːdnt]	학생	**study** 공부(하다)
between [bitwíːn]	(둘)사이에서	**twin** 쌍둥이
sweat [swét]	땀(을 내다)	**sweater** 스웨터
basket [bæskit]	바구니	**biscuit** 과자
night [náit]	밤	**sight** 시각, 보는 것
hate [héit]	미워하다	**graduate** 졸업하다

소리 나는 위치
입 안쪽

입의 크기

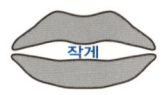

한글의 우와 비슷하다. 알파벳 U는 우 말고도 어[ʌ], 유[ju]로 소리 나는데 다른 발음기호에서 설명한다.

wood [wúd]	나무	tool	연장
cool [kú:l]	시원한	school	학교
room [rú:m]	방	roof	지붕
push [púʃ]	밀다	pull	당기다
smooth [smú:ð]	매끄러운	balloon	풍선
tour [túər]	관광 여행(하다)	pour	따르다, 쏟다
true [tru:]	진실의	clue	단서
show [ʃóu]	보여주다	how	어떻게, 얼마나
zoo [zú:]	동물원	tattoo	문신
buy [bái]	사다	umbrella	우산

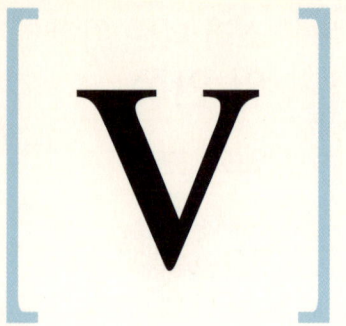
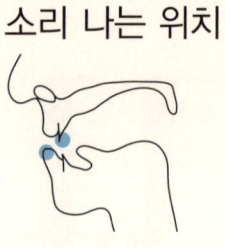

소리 나는 위치

울림 여부 **O**

윗니와 아랫입술이 스치면서 약하게 브소리를 내며 모음으로 연결한다. 절대 입술로만 소리 내려고 하면 안 된다.

value [vǽljuː]	가치	valley 계곡
vest [vést]	조끼	vegetable 채소
very [véri]	매우	various 가지각색의
view [vjúː]	바라봄, 시각	visual 시각의
voice [vɔ́is]	목소리	avoid 피하다
develop [divéləp]	개발하다	envelope 봉투
invite [inváit]	초대하다	service 봉사
have [hǽv]	가지다	save 구하다, 저장하다
give [gív]	주다	dive 다이빙하다
of [ʌ́v]	~의 (것)	off ~에서 떨어져서

[W]

소리 나는 위치
입 안쪽

입의 크기

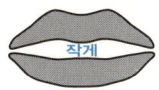

한글의 우와 비슷하다. 주로 옆에 다른 모음이 붙어서 이중 모음으로 소리 난다.

work [wə́ːrk]	일하다	walk 걷다
word [wə́ːrd]	단어	world 세계
warm [wɔ́ːrm]	따뜻한	worm 벌레
week [wíːk]	1주	wake 잠이 깨다
once [wʌ́ns]	이전에(한번)	wonderful 훌륭한, 이상한
twelve [twélv]	숫자 12	twelfth 12번 째의
swim [swím]	헤엄치다	swing 흔들(리)다
sweet [swíːt]	달콤한	sweat 땀
award [əwɔ́ːrd]	상, 수여하다	reward 보답(하다)
why [wái]	왜	language 언어

[z]

소리 나는 위치

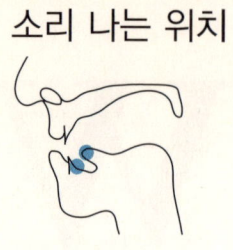

울림 여부 **O**

ㅈ보다 목과 코가 많이 울려서 ㅈ에 가깝게 소리 난다.
발음기호에 [x]는 없다.

xylophone	[záiləfòun]	실로폰
xylitol	[záilətɔ́ːl]	크실리톨(자일리톨)
Xerox	[zíərɑks]	제록스(로 복사하다)
xanadu	[zǽnədjùː]	이상향
xylograph	[záiləgræ̀f]	목판(화)
xylography	[zailágrəfi]	목판 인쇄술
xenophilia	[zènəfíliə]	외국인(문화, 문물) 선호함
xenophobia	[zènəfóubiə]	외국인(문화, 문물) 싫어함

[ks]

소리 나는 위치

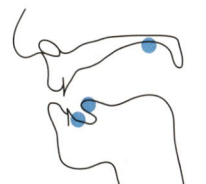

울림 여부 **O**

받침일 땐 받침 ㄱ 뒤에 ㅅ이나 ㅈ소리를 낸다.
발음기호는 [ks], [gz]로 표기된다.

exit [égzit, éksit]	출구	excellent 아주 훌륭한
expert [ékspə:rt]	전문가	exercise 운동, 연습(하다)
expect [ikspékt]	기대하다	express 표현하다
except [iksépt]	~을 제하고는	excuse 용서하다
excite [iksáit]	흥분시키다	explode 폭발하다
exam [igzǽm]	시험	exactly 정확하게
taxi [tǽksi]	택시	toxic 독
mix [míks]	섞다	fix 고치다
fox [fáks]	여우	box 상자
relax [rilǽks]	긴장을 풀다	index 색인

[j]

소리 나는 위치
입 바깥쪽

입의 크기

Y 혀에 힘을 준 이. 주로 옆에 다른 모음이 붙어서 이중 모음처럼 소리 난다. 야여요예유를 소리 낼 때 쓴다. 발음기호에 [y]는 없다.

yet [jét]	아직	**y**es 네(동의할 때)
year [jíər]	연도	**y**ard 마당
youth [júːθ]	젊음	**y**oung 젊은
unit [júːnit]	단일체	**u**niverse 우주
unite [junáit]	결합하다	**u**niform 유니폼
useful [júːsfəl]	유용한	**u**sual 보통의
m**u**seum [mjuːzíːəm]	박물관	bea**u**ty 아름다움, 미인
onion [ʌ́njən]	양파	mill**i**on 100만
comp**u**te [kəmpjúːt]	계산하다	disp**u**te 논쟁하다
neph**ew** [néfjuː]	조카	f**ew** (수가)적은

[Z]

소리 나는 위치

울림 여부 O

ㅈ보다 목과 코가 많이 울려서 즈에 가깝게 소리 난다.

zoo [zúː]	동물원	**z**oom 급등하다, 확대하다
zone [zóun]	지역	**z**ipper 지퍼
zero [zíərou]	0(의)	**z**ebra 얼룩말
zealous [zéləs]	열심인	jealous 질투하는
ea**s**y [íːzi]	쉬운	la**z**y 게으른
pre**s**ent [préznt]	현재(의), 선물	maga**z**ine 잡지
po**s**ition [pəzíʃən]	위치	sci**ss**or**s** 가위
pri**z**e [práiz]	상	surpri**se** 놀라게하다
chee**se** [tʃíːz]	치즈	shoe**s** 신발
ja**zz** [dʒǽz]	재즈	bu**zz** 윙윙거리다

A-Z

A-Z에 없는 자음   A-Z에 없는 모음   이중 모음   발음 팁

소리 나는 위치

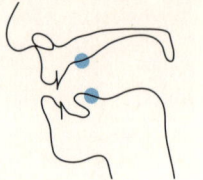

울림 여부 **X**

j, g, dge 한글의 쮜. 입 모양을 위를 말할 때처럼 하고 쯔을 소리 낸다. 다른 자음처럼 뒤에 모음이 없을 때는 울리지 않는다.

jacket [dʒǽkit]	재킷	**j**et 제트기	
juice [dʒúːs]	주스	**j**unior 손아래의	
jungle [dʒʌ́ŋgl]	밀림	**j**unk 쓰레기	
giant [dʒáiənt]	거인	**g**entleman 신사	
en**j**oy [indʒɔ́i]	즐기다	ma**j**or 주요한, 전공	
imagine [imǽdʒin]	상상하다	pi**g**eon 비둘기	
villa**ge** [vílidʒ]	마을	langua**ge** 언어	
ca**ge** [kéidʒ]	새장	bri**dge** 다리	
ju**dge** [dʒʌ́dʒ]	판사	knowle**dge** 지식	
e**dge** [édʒ]	모서리	ba**dge** 배지, 훈장	

[ʃ]

소리 나는 위치

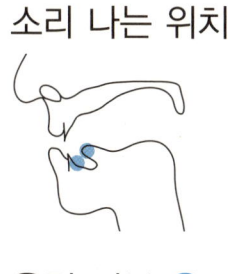

울림 여부 **O**

한글의 쉬. 입 모양은 위를 하고 ㅅ소리를 낸다.
다른 자음처럼 뒤에 모음이 없을 때는 울리지 않는다.

sh, ti, ci

she [ʃíː]	그녀	ship 배	
shop [ʃáp]	가게	sharp 날카로운	
shame [ʃéim]	부끄러움	same 같은	
cushion [kúʃən]	방석	dictionary 사전	
station [stéiʃən]	위치, 역	information 정보	
election [ilékʃən]	선거	graduation 졸업	
partial [páːrʃəl]	일부분의	initial 처음의, 머리글자	
musician [mjuːzíʃən]	음악가	magician 마술사	
fish [fíʃ]	물고기	dish 그릇	
english [íŋgliʃ]	영어	finish 끝내다	

[tʃ]

소리 나는 위치

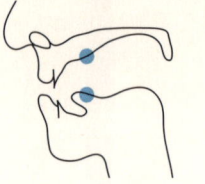

울림 여부 O

ch, tu, tch — 한글의 취와 비슷하다. 입 모양은 위를 하고 ㅊ소리를 낸다. 다른 자음처럼 뒤에 모음이 없을 때는 울리지 않는다.

child [tʃáild]	어린이	**ch**ildren 어린이들
chair [tʃέər]	의자	**ch**eck 대조(하다), 수표
chance [tʃǽns]	기회	**ch**ange 바꾸다
na**tu**re [néitʃər]	자연	na**tu**ral 자연의, 타고난
ma**tu**re [mətjúər]	성숙한	ama**teu**r 비전문가
fu**tu**re [fjúːtʃər]	미래	cul**tu**re 문화
ea**ch** [íːtʃ]	각각의	spee**ch** 연설
chur**ch** [tʃə́ːrtʃ]	교회	stre**tch** 늘이다
ca**tch** [kǽtʃ]	붙잡다	ma**tch** 성냥, 경기
wa**tch** [wátʃ]	지켜보다	wi**tch** 마녀

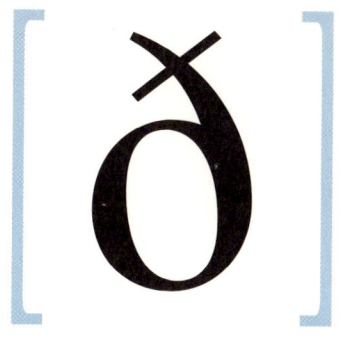

소리 나는 위치

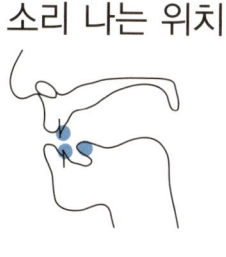

울림 여부 **O**

혀를 윗니와 아랫니 사이에 놓고 이빨과 혀 사이에 힘을 빼고 드로 발음한다.

th

there [ðɛ́ər]	거기에	**th**eir 그들의
than [ðæn]	~보다	**th**en 그리고나서
that [ðæt]	저(것)	**th**is 이(것)
the [ðə, ði]	그	double 두배의
they [ðéi]	그들이	day 하루
though [ðóu]	~일지라도	al**th**ough ~일지라도
other [ʌ́ðər]	그 밖의	ei**th**er 어느 한쪽도
with [wið, wiθ]	~과 함께	**with**out ~없이
clothes [klóuz]	옷	cloth 옷감
breathe [bríːð]	숨쉬다	smoo**th** 매끄러운

A·Z에 없는 자음 53

[θ]

소리 나는 위치

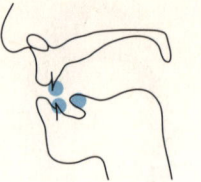

울림 여부 X

th 혀를 윗니와 아랫니 사이에 놓고 이빨과 혀 사이에 힘을 주고 ㄸ과 ㅆ의 중간 정도로 발음한다.

throw [θróu]	던지다	**three** 3(의)
throat [θróut]	목구멍	**thirsty** 목마른
thrill [θríl]	전율	**drill** 송곳, 훈련(하다)
thin [θín]	얇은	**think** 생각하다
thing [θíŋ]	(어떤)것	**nothing** 어떤것도 아니다
catholic [kǽθəlik]	천주교의	**ethnic** 민족의
health [hélθ]	건강	**wealth** 부, 재산
birth [bə́:rθ]	탄생	**earth** 지구
mouth [máuθ]	입	**tooth** 이빨
faith [féiθ]	신념	**face** 얼굴

[ŋ]

소리 나는 위치

울림 여부 **O**

한글에서 ㅇ이 받침으로 쓰일 때와 비슷하다.

n, ng

bank [bǽŋk]	은행	tank 탱크
rank [rǽŋk]	계급, 등급	monk 수도사
pink [píŋk]	분홍색	link 고리, 연결하다
strength [stréŋkθ]	힘	length 길이
angry [ǽŋgri]	화난	angle 각도
monkey [mʌ́ŋki]	원숭이	tongue 혀
wink [wíŋk]	눈을 깜박이다	wing 날개
sing [síŋ]	노래하다	sink 가라앉다
ring [ríŋ]	고리, 반지	bring 가져오다
sting [stíŋ]	찌르다, 쏘다	string 끈, 줄

A-Z

A-Z에 없는 자음　A-Z에 없는 모음　이중 모음　발음 팁

소리 나는 위치
입 바깥쪽

입의 크기

보통

e 한글의 에와 비슷하다. [e]보다 입을 약간 더 벌리고 힘을 빼고 소리 내지만 거의 같다. [e]와 구별 안 하기도 한다. 여기서는 [ɛər]만 보자.

air [ɛ́ər]	공기	chair 의자
care [kɛ́ər]	걱정(하다)	scare 겁내다
repair [ripɛ́ər]	수리하다	affair 사건, 일
stair [stɛ́ər]	계단	stare 노려보다
pair [pɛ́ər]	한 쌍	spare 용서하다, 예비의
fair [fɛ́ər]	공정한	fare 운임
pear [pɛ́ər]	배 (과일)	bear 곰
share [ʃɛ́ər]	몫, 분배하다	where 어디
their [ðɛ́ər]	그들의	there 거기에
dare [dɛ́ər]	감히 ~하다	dear 친애하는

소리 나는 위치
입 바깥쪽

입의 크기

아를 발음할 때처럼 크게 벌리고 아래턱을 내린 뒤 발음한다.
한글의 애보다 혀가 평평하다.

apple [ǽpl]	사과	**a**ctor (남자)배우
absorb [æbsɔ́ːrb]	흡수하다	**a**bsent 결석의
bad [bǽd]	나쁜	b**a**t 박쥐
habit [hǽbit]	습관	h**a**ppy 행복한
task [tǽsk]	업무	t**a**g 꼬리표
map [mǽp]	지도	m**a**d 미친
sad [sǽd]	슬픈	s**a**nd 모래
plan [plǽn]	계획	fl**a**sh 번쩍임
branch [brǽntʃ]	(나뭇)가지	br**a**nd 상표
narrow [nǽrou]	폭이 좁은	sh**a**dow 그림자

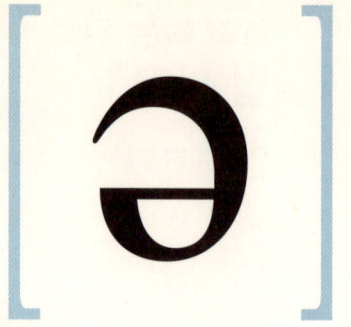

소리 나는 위치
입 안쪽

입의 크기
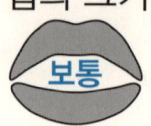
보통

a, e, o, u 입을 별로 안 벌린 상태에서 힘을 빼고 어를 소리 낸다.
대부분의 모음이 약하게 발음될 때 이 소리가 난다.

alive [əláiv]	살아있는	**a**like 마찬가지로, 같은
attend [əténd]	출석하다	**a**scend 오르다
ability [əbíləti]	능력	**a**ppoint 지정하다
salary [sǽləri]	봉급	libr**a**ry 도서관
enemy [énəmi]	적	pig**eo**n 비둘기
national [nǽʃənl]	국가의, 국민의	natur**a**l 자연의, 타고난
element [éləmənt]	요소	docum**e**nt 문서
carrot [kǽrət]	당근	inf**i**nite 무한한
union [júːnjən]	결합	**u**nless ~이 아닌한
medium [míːdiəm]	매개물, 중간	**o**ccasion 특별한 경우

소리 나는 위치
입 안쪽

입의 크기

보통

한글의 어와 비슷하다. (같다고 봐도 무방하다.)
[ə]보다 힘이 들어간다.

**o, u
ou**

other [ʌ́ðər]	그 밖의	above 위쪽으로	
flood [flʌ́d]	홍수	front 앞(의)	
cover [kʌ́vər]	덮다, 덮개	recover 회복하다	
unkind [ʌ̀nkáind]	불친절한	unhappy 불행한	
but [bʌ́t]	그러나	duck 오리	
hut [hʌ́t]	오두막	hunt 사냥하다	
fun [fʌ́n]	재미있는	funny 우스운	
trouble [trʌ́bl]	곤란, 불편	bubble 거품	
rough [rʌ́f]	거칠한	tough 질긴, 강인한	
cousin [kʌ́zn]	사촌	dozen 12개, 다스	

소리 나는 위치
입 안쪽

입의 크기

크게

a, o, aw 입을 많이 벌린 상태에서 힘을 주고 어를 소리 낸다.

office [ɔ́:fis]	사무실	**awe**some 굉장한
already [ɔ:lrédi]	이미	**al**most 거의
fog [fɔ́:g]	안개	l**o**g 통나무
forhead [fɔ́:rid]	이마	f**or** ~을 위해
hall [hɔ́:l]	넓은방, 홀	c**al**l 전화하다
fall [fɔ́:l]	떨어지다	t**al**l 키가 큰
walk [wɔ́:k]	걷다	t**al**k 말하다
cross [krɔ́:s]	십자가	acr**o**ss ~을 가로질러
dawn [dɔ́:n]	새벽	s**aw** 보았다
law [lɔ́:]	법	l**aw**yer 변호사

소리 나는 위치
입 안쪽

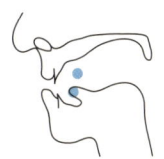

울림 여부 **O**

한글의 얼과 비슷하다. 하지만 r을 소리 낼 때처럼 혀가 입천장이나 아랫니 밑부분의 입 안쪽에 닿지 않는다.

ar,er, ir,or, ur

earn [ə́ːrn]	벌다	**ur**gent 긴급한
ce**r**tain [sə́ːrtn]	확실한	c**ur**tain 커튼
p**ur**se [pə́ːrs]	지갑	p**er**son 사람
s**ur**vive [sərváiv]	살아남다	s**er**vant 하인
di**r**ty [də́ːrti]	더러운	b**ir**th 탄생
print**er** [príntər]	인쇄기	ent**er** 들어가다
oth**er** [ʌ́ðər]	그 밖의	bef**ore** ~전에, 앞에
deliv**er** [dilívər]	배달하다	forev**er** 영원히
juni**or** [dʒúːnjər]	손아래의	seni**or** 손위의
bett**er** [bétər]	더 좋은	begg**ar** 거지

소리 나는 위치
입 안쪽

입의 크기

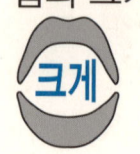

or [ɚ] 보다 입을 더 벌리고 얼을 소리 낸다. 마찬가지로 혀가 입천장이나 아랫니 밑부분의 입 안쪽에 닿지 않는다.

order [ɔ́ːrdər]	순서, 명령	**or**phan 고아
bef**ore** [bifɔ́ːr]	~전에, 앞에	rep**or**t 보고서, 보고하다
p**or**k [pɔ́ːrk]	돼지고기	s**or**t 종류
b**oar**d [bɔ́ːrd]	판자, 타다	c**our**t 마당, 법정
airp**or**t [ɛərpɔ́ːrt]	공항	passp**or**t 여권
imp**or**t [impɔ́ːrt]	수입하다	exp**or**t 수출하다
n**or**thern [nɔ́ːrðərn]	북쪽의	inf**or**m 알리다
ind**oor** [indɔ́ːr]	실내의	outd**oor** 실외의
m**ore** [mɔ́ːr]	더 많은	b**ore** 지루하게 하다
gl**or**y [glɔ́ːri]	영광	acc**or**ding to ~에 따라

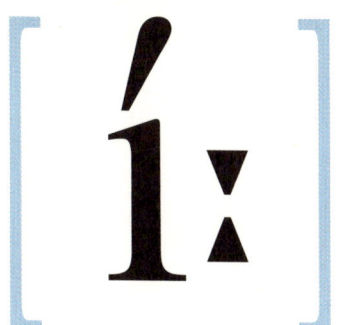

소리 나는 위치
입 바깥쪽

입의 크기

입을 좌우로 많이 당겨준 뒤 이를 조금 길게 발음한다.

**ee,ea
ei,ie**

easy [í:zi]	쉬운	**ei**ther	어느 한쪽도
w**ea**k [wí:k]	약한	sp**ea**k	말하다
l**ea**d [lí:d]	이끌다	l**ea**ve	남기고 떠나다
s**ea**son [sí:zn]	계절	m**ea**n	의미(하다)
f**ee**l [fí:l]	느끼다	k**ee**p	유지하다
sh**ee**p [ʃí:p]	양	ch**ee**k	뺨
m**e**dium [mí:diəm]	매개물, 중간	sc**e**ne	장면
rec**ei**ve [risí:v]	받다	bel**ie**ve	믿다
p**ie**ce [pí:s]	조각	p**ea**ce	평화
fr**ee** [frí:]	자유로운	agr**ee**	동의하다

A-Z

A-Z에 없는 자음   A-Z에 없는 모음   **이중 모음**   발음 팁

[ai]

소리 나는 위치
입 안 ⇨ 바깥쪽

입의 크기

ai, y, ie 한글의 아이와 비슷하다.

ice [áis]	얼음	idle 한가한
hide [háid]	숨다, 숨기다	wide 폭이 넓은
pride [práid]	자존심	prize 상
beside [bisáid]	~의 옆에	besides ~외에도
diet [dáiət]	식이요법	society 사회
lion [láiən]	사자	orion 오리온자리
light [láit]	빛	slight 근소한
die [dái]	죽다	lie 거짓말하다
fly [flái]	날다, 파리	fry 기름에 튀기다
high [hái]	높은	height 키, 높이

[ei]

소리 나는 위치
입 바깥쪽

입의 크기

한글의 에이와 비슷하다.

a, ei, ai, ay

eight [éit]	8의	**weight** 무게
wake [wéik]	잠이 깨다	**wait** 기다리다
face [féis]	얼굴	**fate** 운명
name [néim]	이름	**same** 같은
danger [déindʒər]	위험	**gauge** 측정기준
favor [féivər]	호의	**flavor** 맛, 풍미
sale [séil]	판매	**pale** 창백한
nail [néil]	손톱, 발톱	**jail** 감옥
brain [bréin]	뇌	**obtain** 획득하다
maybe [méibi]	아마	**say** 말하다

[ɔi]

소리 나는 위치
입 안 ⇨ 바깥쪽

입의 크기

oi, oy 한글의 어이와 비슷하다.

oil [ɔ́il]	기름	**toi**let 화장실
soil [sɔ́il]	흙	spoil 망치다
noisy [nɔ́izi]	시끄러운	destroy 파괴하다
avoid [əvɔ́id]	피하다	annoy 성가시게 굴다
royal [rɔ́iəl]	왕의	loyal 충성스러운
point [pɔ́int]	끝, 점	moist 축축한
choice [tʃɔ́is]	선택	voice 목소리
rejoice [ridʒɔ́is]	기뻐하다	voyage 항해(하다)
boy [bɔ́i]	소년	toy 장난감
joy [dʒɔ́i]	기쁨	join 결합하다, 참가하다

소리 나는 위치
입 바깥 ⇨ 안쪽

입의 크기

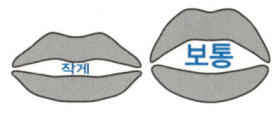

한글의 이얼에서 얼의 ㄹ대신 R을 소리 낸다.

ear, eer

ear [íər]	귀	year 1년
clear [klíər]	맑은, 명백한	rear 뒤
near [níər]	가까운	engineer 기술자
beer [bíər]	맥주	beard 턱수염
dear [díər]	친애하는	deer 사슴
tear [tíər]	눈물	hear 듣다
appear [əpíər]	나타나다	disappear 사라지다
tired [táiərd]	피곤한	hire 고용하다
fire [fáiər]	불	inspire 영감을 주다
period [píəriəd]	기간	choir 성가대

이중 모음 71

[au]

소리 나는 위치
입 바깥 ⇨ 안쪽

입의 크기

ou, ow 한글의 아우와 비슷하다.

out [áut]	밖으로	**hour** 한 시간
found [fáund]	찾았다	**bound** 뛰다, 경계
pound [páund]	중량의 단위	**around** 주위에
sound [sáund]	소리, 건전한	**shout** 외치다
about [əbáut]	~에 대해, 약~	**doubt** 의심하다
mouse [máus]	생쥐	**house** 집
allow [əláu]	허락하다	**aloud** 소리내어
flower [fláuər]	꽃	**sour** 시큼한
clown [kláun]	광대	**crown** 왕관
now [náu]	지금	**cow** 소

소리 나는 위치
입 안쪽

입의 크기

한글의 오우와 비슷하다. 영어에 어[ɔ,ə]는 단독으로 소리 날 수 있지만 오[o]는 단독으로는 소리 나지 않는다. 오우[ou]로 소리 난다.

**o, oa
ow**

ocean [óuʃən]	바다	**o**ver ~위에	
locate [lóukeit]	위치시키다	**ow**n 자기 자신의	
folk [fóuk]	민족	g**o**ld 금	
most [móust]	대부분, 가장	m**o**ment 순간	
suppose [səpóuz]	가정하다	cl**o**se 닫다	
goal [góul]	목적, 목표	s**oa**p 비누	
roast [róust]	굽다	t**oa**st 토스트	
follow [fálou]	뒤따르다	fl**ow** 흐르다	
pillow [pílou]	베개	elb**ow** 팔꿈치	
toe [tóu]	발가락	n**o** 아니다	

이중 모음 73

A-Z

3

A-Z에 없는 자음   A-Z에 없는 모음   이중 모음   발음 팁

[모음이 없으면]

모음이 없거나 사라지면 으로 소리 난다.

lesson [lésn]	수업
pardon [páːrdn]	용서(하다)
prison [prízn]	감옥
sudden [sʌ́dn]	갑작스러운
cousin [kʌ́zn]	사촌
metal [métl]	금속
total [tóutl]	전체의
middle [mídl]	중앙(의)
handle [hǽndl]	손잡이
film [fílm]	영화

$\begin{bmatrix} \text{n+t,} \\ \text{t+n} \end{bmatrix}$

T에 강세가 없으면 T가 사라지기도 한다. 모음이나 자음이 사라지면 경우에 따라 사라진 만큼 발음은 길어진다.

internet [íntərnèt]	인터넷
international [ìntərnǽʃənl]	국제적인
center [séntər]	중심
advantage [ædvǽntidʒ]	유리한 점
certain [sə́:rtn]	확실한
captain [kǽptən]	우두머리
mountain [máuntən]	산
eaten [í:tn]	먹혀진
can't [kǽnt]	~할 수 없는
shouldn't [ʃúdnt]	~하지 말아야 하는

약한 T 1

 미국식 발음에서 T가 단어의 시작이 아니고 강세가 없는 경우, ㅌ이 아니라 ㄹ로 발음되기도 한다.

autumn [ɔ́:təm]	가을
etiquette [étikit]	예절, 에티켓
city [síti]	도시
pretty [príti]	예쁜
motor [móutər]	모터, 전동기
native [néitiv]	그 지방 고유의
negative [négətiv]	부정의
water [wɔ́:tər]	물
matter [mǽtər]	문제, 물질
battle [bǽtl]	전투

약한 T 2

T가 다른 자음과 겹칠 때 T가 발음되지 않을 수도 있다.

often [ɔ́ːfən]	흔히, 자주
castle [kǽsl]	성
whistle [hwísl]	휘파람 불다
listen [lísn]	귀 기울이다
mustn't [mʌ́snt]	~하지 말아야 한다
wrestling [résliŋ]	레슬링, 격투
exactly [igzǽktli]	정확하게
perfectly [pə́ːrfiktli]	완전히
directly [diréktli, dai-]	곧장
strictly [stríktli]	엄격히

GH1

 알파벳 GH는 주로 소리 나지 않는다.

neighborhood [néibərhùd]	이웃 사람들
thought [θɔ́ːt]	생각, 생각했다
light [láit]	빛
right [ráit]	옳은
weight [wéit]	무게
weigh [wéi]	무게를 달다, 무게가 나가다
through [θrú]	~을 통하여
thorough [θɔ́ːrou]	철저한
sigh [sái]	한숨 쉬다
thigh [θái]	허벅지

GH2

소리 나는 경우, 단어의 끝에서는 [f]로 소리 난다. 단어의 앞이나 중간에서는 [g]로 소리 난다.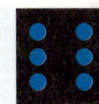

tough [tʌf] 질긴, 강인한

rough [rʌf] 거칠거칠한

cough [kɔːf] 기침하다

laugh [læf] 웃다

enough [inʌf] 충분한

ghost [góust] 유령

ghoul [gúːl] 귀신

ghastly [gǽstli] 무시무시한

spaghetti [spəgéti] 스파게티

afghan [ǽfgæn] 아프가니스탄(사람)의

연음 1

 비슷한 소리 두 개가 겹치거나 충돌하면 둘 중에 하나가 사라진다. 주로 사라진 만큼 길게 소리 난다.

function [fʌ́ŋkʃən]		기능
distinct [distíŋkt]		(성질, 종류가) 별개의
muscle [mʌ́sl]		근육
friendship [fréndʃìp]		우정
sandwich [sǽndwitʃ]		샌드위치
stick [stík]		막대기, 붙이다, 찌르다
want to [wɔ́ːnt tu]		~하기를 원하다
need to [níːd tu]		~하는 것이 필요하다
of friend [ʌv fréndǀ]		친구의 ~
at the office [ǽt ði ɔ́ːfis]		회사에서

연음 2

앞 단어 끝의 자음과 뒷단어의 첫 모음은 연결되어 발음된다.

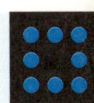

save a cat [séiv ə kǽt] 고양이를 구하다

take a bus [téik ə bʌ́s] 버스를 타다

turn around [tə́:rn əráund] 180도의 전환

if I [if ái] 만약 내가~

like you [láik ju] 너를 좋아한다

would you? [wúd ju] ~하려고 합니까?

each other [í:tʃ ʌ́ðər] 서로 서로

friend of [frénd ʌv] 친구의~

make it [méik it] 해내다

it is [it íz] 그것의 상태(모습)은~

쌍자음

 같은 자음이 두 개 있어도 하나만 소리 난다.

arrive [əráiv]	도착하다
attack [ətǽk]	공격하다
bi**tt**er [bítər]	쓴
pa**tt**ern [pǽtərn]	무늬
co**mm**on [kámən]	공통의
su**mm**er [sʌ́mər]	여름
co**nn**ect [kənékt]	연결하다
pe**pp**er [pépər]	후추
su**cc**eed [səksíːd]	성공하다
mi**ss** [mís]	놓치다, 그리워하다

강세 1

강세가 있는 부분은 강해질 뿐 아니라 길게 발음된다.
단어의 뒷부분에 강세가 오는 경우를 보자.

ko**re**a [kərí:ə]   한국

a**fra**id [əfréid]   두려워하는

a**chie**ve [ətʃí:v]   이루다, 성취하다

re**su**lt [rizʌ́lt]   결과

po**llu**te [pəlú:t]   더럽히다

su**gge**st [səgdʒést]   제안하다

e**nou**gh [inʌ́f]   충분한

ex**pe**rience [ikspíriəns]   경험

va**ca**tion [veikéiʃən]   휴가

dic**ta**tion [diktéiʃən]   받아쓰기

강세 2

 문장에서 중요한 단어나 자신이 중요하게 생각하는 단어를 길고 강하게 발음한다. (부정어, 동사, 목적어, 의문사 등)

I do. [ái du]

I **do**. [ái du]

I **don't**. [ái dóunt]

I **like**. [ái láik]

I like **English**. [ái láik íŋgliʃ]

I **don't** like **English**. [ái dóunt láik íŋgliʃ]

I **don't** eat **pork**. [ái dóunt íːt pɔ́ːrk]

I **like** you. [ái láik ju]

I like **you**. [ái láik ju]

What do you **like**? [hwát du ju láik]

의문문

의문사가 없는 의문문은 말꼬리를 올려 읽고, 의문사가 있는 의문문은 내려 읽는다. 일반 문장으로 질문할 때도 올려 읽는다.

You like Englsih.
일반문장

You like English?
일반문장으로 물어보는 경우

Do you like English?
의문사가 없는 의문문

What do you like?
의문사가 있는 의문문

발음목록

머리말

4

- **4** 영어를 못 읽는 이유
- **5** 영어 발음책
- **6** 영어 발음의 다른 점
- **7** 이 책은...
- **8** 단어 선별
- **9** 책의 구성 1
- **10** 책의 구성 2
- **11** 공부법 1
- **12** 공부법 2
- **13** 감사드립니다

A-Z

16

- **18** A [ɑ]
- **19** B [b]
- **20** C [k]
- **21** D [d]
- **22** E [e]
- **23** F [f]
- **24** G [g]
- **25** H [h]
- **26** I [i]
- **27** J [j]
- **28** K [k]
- **29** L [l]
- **30** L [l]
- **31** M [m]
- **32** N [n]
- **33** O [ɔ]
- **34** O [ou]
- **35** P [p]
- **36** Q [kw]
- **37** R [r]
- **38** R [r]
- **39** S [s]
- **40** T [t]
- **41** U [u]
- **42** V [v]
- **43** W [w]
- **44** X [z]
- **45** X [ks]
- **46** Y [j]
- **47** Z [z]

A-Z에 없는 자음
48

- **50** j,g,dge [ʤ]
- **51** sh,ti,ci [ʃ]
- **52** ch,tu,tch [ʧ]
- **53** th [ð]
- **54** th [θ]
- **55** n,ng [ŋ]

A-Z에 없는 모음
56

- **58** e [ɛ]
- **59** a [æ]
- **60** a,e,o,u [ə]
- **61** o,u,ou [ʌ]
- **62** a,o,aw [ɔ]
- **63** (a,e,i,o,u)r [ər]
- **64** or [ɔr]
- **65** ee,ea,ei,ie [íː]

이중 모음
66

- **68** ai,y,ie [ai]
- **69** a,ei,ai,ay [ei]
- **70** oi,oy [ɔi]
- **71** ear,eer [iər]
- **72** ou,ow [au]
- **73** o,oa,ow [ou]

발음 팁
74

- **76** 모음이 없으면
- **77** n+t, t+n
- **78** 약한 T 1
- **79** 약한 T 2
- **80** GH 1
- **81** GH 2
- **82** 연음 1
- **83** 연음 2
- **84** 쌍자음
- **85** 강세 1
- **86** 강세 2
- **87** 의문문

발음목록
88

- **90** 발음위치: 자음
- **91** 발음위치: 모음
- **92** 찾아보기

입 바깥쪽부터

입술의 움직임: j, w
양입술: b, p, m
윗니와 아랫입술: f, v
윗니, 아랫니와 혀: ð, θ
치경: d, t, n, l

공기의 마찰: ʃ, s, z
혀의 움직임: l, r
입천장 안쪽: g, k, ŋ
목 안쪽: h
치경, 공기의 마찰: ʤ, ʧ

발음위치 : 자음

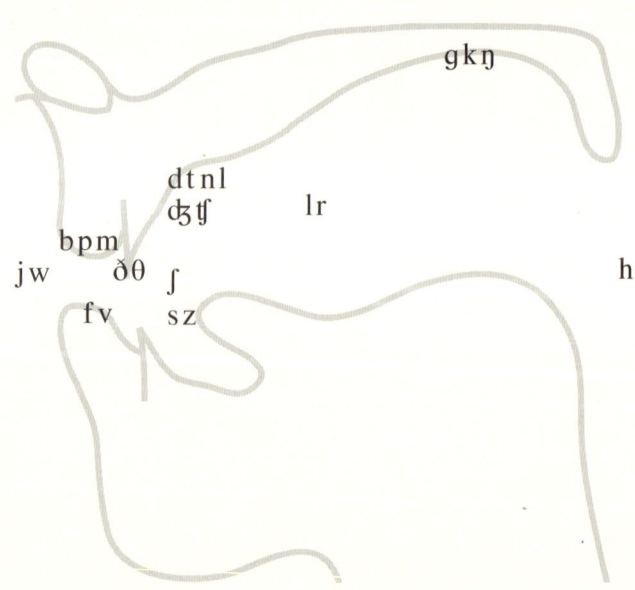

입 벌린 정도
작게: i, o, u
보통: ə, ʌ, e, ɛ
많이: ɑ, ɔ, æ

발음위치: 모음

입 바깥쪽 **입 안쪽**

ɑi ou

eɛæ ɔʌə

찾아보기

A

abide 19	머물다
ability 60	능력
about 72	~에 대해
above 19, 61	~위에
abroad 19	해외의
absent 19, 59	결석인
absorb 59	흡수하다
academy 20	학원
access 20	접근
accessory 22	장신구
according to 64	~에 따라
achieve 85	이루다, 성취하다
acquaint 36	알리다
across 62	~을 가로질러
active 20	활동적인
actor 59	(남자)배우
actual 20	현재의, 실제의
address 22	주소
adult 21	어른(의)
advantage 77	유리한 점
advice 21	충고하다
affair 23, 58	사건, 일
affect 23	영향을 미치다
afghan 81	아프가니스탄의
afraid 85	두려워하는
agree 24, 65	동의하다
ahead 25	앞으로
air 38, 58	공기
airport 64	공항
alike 60	마찬가지로, 같은
alive 60	살아있는
all 33	전체의
allow 72	허락하다
almost 62	거의
aloud 72	소리내어
already 33, 62	이미
although 53	~일지라도
amateur 52	비전문가
and 21	그리고
angle 55	각도
angry 55	화난
annoy 70	성가시게 굴다
any 22	약간(도)
apart 18	떨어져서
appeal 35	호소하다
appear 35, 71	나타나다
apple 59	사과
apply 35	적용하다
appoint 60	지정하다
around 72	주위에
arrive 84	도착하다
art 18	예술
ascend 39, 60	오르다
ask 39	묻다
attack 84	공격하다
attend 60	출석하다
at the office 82	회사에서
autumn 78	가을
avoid 42, 70	피하다
award 43	상, 수여하다
awesome 62	굉장한

B

back 24	등, 뒤	branch 59	(나뭇)가지
bad 59	나쁜	brand 32, 59	상표
badge 50	배지, 훈장	bread 37	빵
bag 24	가방	breathe 53	숨쉬다
ball 33	공	breed 37	양육하다
balloon 30, 41	풍선	bridge 50	다리
bank 55	은행	bring 55	가져오다
bar 18, 38	막대기, 술집	bubble 61	거품
basket 40	바구니	build 26	짓다
bat 59	박쥐	bury 22	파묻다
battle 30, 78	전투	busy 26	바쁜
bear 19, 58	맥주	but 61	그러나
beard 71	턱수염	buy 41	사다
beauty 27, 46	아름다움, 미인	buzz 47	윙윙거리다
beer 19, 71	맥주		
before 63, 64	~전에, 앞에		
beggar 63	거지		
behind 25	~의 뒤에		
believe 65	믿다		
beside 68	~의 옆에		
besides 68	~외에도		
better 63	더 좋은		
between 40	(둘)사이에서		
bicycle 39	자전거		
big 24	큰		
bike 19, 28	자전거		
birth 54, 63	탄생		
biscuit 40	과자		
bite 19	물다		
bitter 84	쓴		
board 64	판자, 타다		
boil 33	끓다		
bore 64	지루하게 하다		
bound 72	뛰다, 경계		
box 45	상자		
boy 70	소년		
brain 69	뇌		

C

cab 19	택시
cage 20, 50	새장
calendar 21	달력
call 62	전화하다
calm 30	고요한, 평온한
can't 77	~할 수 없는
cap 19	모자, 뚜껑
captain 77	우두머리
car 18	자동차
care 58	걱정(하다)
career 20	직업, 경력
carrot 60	당근
cash 20	현금
castle 30, 39, 79	성
catch 52	붙잡다
catholic 54	천주교의
cave 20	무덤
center 77	중심
certain 63, 77	확실한
chain 32	사슬
chair 52, 58	의자
chalk 33	분필
chamber 31	방

chance 52	기회	cream 20	크림
change 52	바꾸다	cross 20, 62	십자가
chaos 28	혼돈	crown 72	왕관
charm 18	매력적인	culture 52	문화
cheap 35	값이 싼	curtain 63	커튼
check 52	대조(하다), 수표	cushion 51	방석
cheek 65	뺨		
cheese 47	치즈		

D

child 52	어린이	danger 69	위험
children 52	어린이들	dare 58	감히 ~하다
china 32	중국	dart 18	던지는 화살
choice 70	선택	dawn 33, 62	새벽
choir 71	성가대	day 53	하루
church 52	교회	deaf 22	귀먹은
city 39, 78	도시	dear 58, 71	친애하는
civil 39	시민의	decide 21	결심하다
class 28	학급	deer 38, 71	사슴
clear 71	맑은, 명백한	defeat 35	쳐부수다
close 73	닫다	defect 23	결점
cloth 53	옷감	degree 24	정도, 학위
clothes 34, 53	옷	deliver 63	배달하다
clown 30, 72	광대	depart 18	출발하다
clue 41	단서	desert 21	사막
coast 33, 34	해안	design 21	디자인
coin 33	동전	dessert 21	디저트, 후식
color 30	색깔	destroy 70	파괴하다
comb 31	빗	develop 42	개발하다
common 84	공통의	dice 39	주사위
community 27	공동 사회	dictation 85	받아쓰기
compute 27, 46	계산하다	dictionary 51	사전
connect 84	연결하다	die 68	죽다
cool 41	시원한	diet 68	식이요법
cost 33, 34	비용	different 23	다른
cough 81	기침하다	directly 79	곧장
count 20	세다	dirty 63	더러운
court 20, 64	마당, 경기장, 법정	disappear 71	사라지다
cousin 61, 76	사촌	discover 39	발견하다
cover 61	덮다, 덮개	discuss 20	토론하다
cow 72	소	dish 51	그릇
crazy 28	미친		

dispute 27, 46	논쟁하다	engineer 71	기술자
distinct 82	(성질,종류가) 별개의	english 51	영어
dive 42	다이빙하다	enhance 25	강화하다
document 60	문서	enjoy 50	즐기다
dog 24	개	enough 23, 81	충분한
dollar 30	달러	enter 38, 63	들어가다
door 38	문	envelope 22, 42	봉투
double 53	두배의	eraser 37	지우개
doubt 72	의심하다	ethnic 54	민족의
dozen 61	12개, 다스	etiquette 78	예절, 에티켓
drama 21	드라마	exactly 45, 79	정확하게
draw 33	당기다, 그리다	exam 45	시험
dream 21	꿈(꾸다)	excellent 45	아주 훌륭한
drill 54	송곳, 훈련(하다)	except 45	~을 제하고는
drive 37	운전하다	excite 45	흥분 시키다
duck 24, 61	오리	excuse 45	용서하다
		exercise 45	운동,연습(하다)
		exit 45	출구
		expect 45	기대하다

each 52	각각의	experience 85	경험
each other 83	서로서로	expert 45	전문가
eagle 24	독수리	explode 45	폭발하다
ear 71	귀	export 64	수출하다
earn 63	벌다	express 45	표현하다
earth 54	지구		
easy 47, 65	쉬운		
eaten 77	먹혀진		
edge 50	모서리		

effort 22	노력	face 54, 69	얼굴
egg 24	달걀	fair 58	공정한
eight 69	8의	faith 23, 54	신념
either 53, 65	어느 한쪽도	fall 62	떨어지다, 가을
elbow 73	팔꿈치	family 23	가족
election 51	선거	far 38	먼
elegant 22	우아한	fare 58	운임
element 60	요소	fate 23, 69	운명
elephant 23	코끼리	favor 23, 69	호의
emphasis 23	강조	feel 65	느끼다
enemy 60	적	fence 39	울타리
engine 26	발동기	fever 38	열
		few 27, 46	(수가)적은

film 30, 76	영화	garlic 20	마늘
finish 51	끝내다	gas 39	가스, 기체
fire 71	불	gauge 69	측정기준
first 38	첫째의	general 38	일반적인, 장군
fish 51	물고기	gentleman 50	신사
fix 45	고치다	ghastly 81	무시무시한
flash 59	번쩍임	ghost 81	유령
flavor 69	맛, 풍미	ghoul 81	귀신
flood 61	홍수	giant 50	거인
floor 33	방바닥, 층	give 42	주다
flow 34, 73	흐르다	glory 64	영광
flower 72	꽃	go 24	가다
fly 68	날다, 파리	goal 34, 73	목적,목표
fog 62	안개	goat 24	염소
folk 34, 73	민족	gold 34, 73	금
follow 34, 73	뒤따르다	good 24	좋은
for 23, 62	~를 위해	graduate 40	졸업하다
foreign 32	외국의	graduation 51	졸업
forever 38, 63	영원히	grand 24	웅장한
forhead 62	이마	grandparent 37	조부모
fork 33	포크	grass 37	잔디
form 23	유니폼	great 24	대단한
found 72	찾았다	green 37	녹색
fox 45	여우	group 24	집단
free 65	자유로운	guess 22, 39	추측하다
friend 32	친구	guitar 38	기타
friend of 83	친구의~		
friendship 82	우정		
front 61	앞(의)		

H

fry 68	기름에 튀기다	habit 19, 59	습관
fun 61	재미있는	hair 25	머리털
function 82	기능	half 23	절반
funeral 38	장례식	hall 33, 62	넓은방, 홀
funny 61	우스운	hand 25	손
fur 38	털	handle 76	손잡이
future 52	미래	handsome 25	잘생긴
		happy 25, 59	행복한

G

		hard 18	어려운, 딱딱한
		harden 18	딱딱하게 하다
garbage 24	쓰레기	harm 31	해악

hate 25, 40	미워하다	infinite 60	무한한
have 42	가지다	inform 64	알리다
head 25	머리	information 51	정보
health 54	건강	initial 51	처음의, 머리글자
heap 25	더미	inspire 71	영감을 주다
hear 25, 71	듣다	international 77	국제적인
heard 25	들었다	internet 77	인터넷
heart 18	심장	invite 42	초대하다
heat 25	열, 뜨겁게하다	it is 83	그것의 상태(모습)은~
heavy 22	무거운		
height 68	키, 높이		
hero 34	영웅		
hi 25	안녕		
hide 68	숨다, 숨기다		

J

jacket 50 재킷
jail 69 감옥
jazz 47 재즈
jealous 47 질투하는
jet 50 제트기
job 19 직업
join 70 결합하다, 참가하다
joy 70 기쁨
judge 50 판사
juice 50 주스
jungle 50 밀림
junior 50, 63 손아래의
junk 50 쓰레기

high 25, 68	높은		
hip 25	엉덩이		
hire 71	고용하다		
hit 25	치다		
hole 30	구멍		
home 31	가정, 집		
honey 26	꿀		
horizon 26	수평선		
hot 18	뜨거운		
hour 72	한 시간		
house 72	집		
how 41	어떻게, 얼마나		
hunt 61	사냥하다		
hut 61	오두막		

I

K

keep 65 유지하다
key 28 열쇠
kill 28 죽이다
kind 28 친절한
king 28 왕
kite 28 연
knee 32 무릎
knife 28 칼
knock 18 두드리다
know 28, 32 알다
knowledge 50 지식
korea 85 한국

ice 68	얼음
idle 68	한가한
if I 83	만약 내가~
imagine 26, 50	상상하다
immediate 26	즉시의
import 64	수입하다
increase 26	늘다
index 45	색인
indoor 33, 64	실내의

L

label 29	라벨
ladder 21	사다리
lady 29	숙녀
lamb 29	새끼양
lamp 29	등불
language 43, 50	언어
laugh 23, 81	웃다
law 33, 62	법
lawyer 62	변호사
lazy 47	게으른
lead 29, 65	이끌다
leap 29	껑충뛰다
learn 29	배우다
leave 65	남기고 떠나다
left 29	왼쪽의
leg 29	다리
lemon 29	레몬
lend 22	빌려주다
length 55	길이
lesson 76	수업
library 60	도서관
lid 26	뚜껑
lie 68	거짓말하다
life 29	생명
light 68, 80	빛
like 28	좋아하다
like you 83	너를 좋아하다
line 29	끈, 선
link 55	고리, 연결하다
lion 29, 68	사자
listen 39, 79	귀 기울이다
live 29	살다
load 29	짐을 싣다
locate 34, 73	위치시키다
lock 18	잠그다
log 62	통나무
long 33	긴
look 29	보다
love 29	사랑(하다)
loyal 70	충성스러운
luck 29	행운
lunch 29	점심식사

M

mad 59	미친
magazine 24, 47	잡지
magician 51	마술사
mail 31	우편물
major 50	주요한, 전공
make 31	만들다
make it 83	해내다
man 31	남자
many 31	수가 많은
map 59	지도
mart 38	시장
mask 31	가면
match 52	성냥, 경기
matter 78	문제, 물질
mature 52	자연
maybe 69	아마
mean 65	의미(하다)
medium 60, 65	매개물, 중간
member 31	회원
merry 26	명랑한
metal 76	금속
middle 76	중앙(의)
milk 31	우유
million 27, 46	100만
mind 31	마음, 정신
miss 84	놓치다, 그리워하다
missile 31	미사일
mix 45	섞다
moist 70	축축한
moment 34, 73	순간
money 26	돈
monk 55	수도사

monkey 55	원숭이
more 64	더 많은
most 31, 34, 73	대부분, 가장
motor 78	모터, 전동기
mountain 77	산
mouse 72	생쥐
mouth 54	입
muscle 82	근육
museum 27, 46	박물관
musician 51	음악가
mustn't 79	~하지 말아야 한다

N

nail 69	손톱, 발톱
name 69	이름
narrow 59	폭이 좁은
national 60	국가의, 국민의
native 78	그 지방 고유의
natural 52, 60	자연의, 타고난
nature 52	자연
near 71	가까운
necessary 22	꼭 필요한
neck 20, 22	목
need to 82	~하는 것이 필요하다
negative 78	부정의
neighborhood 80	이웃 사람들
nephew 27, 46	조카
net 22, 32	그물
nice 32	좋은
night 32, 40	밤
no 32, 73	아니오
noisy 26, 70	시끄러운
none 32	아무도 ~않다
noon 32	정오
northern 64	북쪽의
nose 32	코
nothing 54	어떤 것도 아니다
now 72	지금
number 31	숫자

O

object 19	대상, 반대하다
obtain 19, 69	획득하다
occasion 60	특별한 경우
occur 20	발생하다
ocean 34, 73	바다
of 42	~의 (것)
off 42	~에서 떨어져서
office 62	사무실
of friend 82	친구의~
often 79	흔히, 자주
oil 70	기름
once 43	이전에(한번)
onion 27, 46	양파
or 38	또는
order 38, 64	순서, 명령(하다)
orion 68	오리온자리
orphan 64	고아
other 53, 61, 63	그 밖의
out 72	밖으로
outdoor 64	실외의
over 34, 73	~위에
own 34, 73	자기 자신의

P

paint 32	물감, 그리다
pair 58	한 쌍
palace 26, 35	궁전
pale 69	창백한
palm 31	손바닥
pardon 76	용서(하다)
parents 40	부모
partial 51	일부분의
passport 64	여권
pattern 84	무늬
peace 65	평화
pear 58	배 (과일)

people 35	사람들	prize 47, 68	상
pepper 84	후추	probably 18	아마도
perfect 38	완벽한	promise 18	약속(하다)
perfectly 79	완전히	psycho 39	정신병자
perhaps 25	아마	pub 19	술집
period 71	기간	public 19, 20	공공의
person 38, 63	사람	pull 41	당기다
phone 23	전화기	purse 63	지갑
photo 23	사진	push 41	밀다
pick 24, 35	집다		
picture 20, 35	그림		
piece 65	조각		

Q

pig 24	돼지	quaint 36	기묘한
pigeon 50, 60	비둘기	qualify 36	자격을 주다
pillow 34, 73	베개	quality 36	품질
pilot 35	조종사	quantity 36	양
pink 55	분홍색	quarrel 36	말다툼
pipe 35	관	quarter 36	4분의 1
place 35	장소	queen 36	여왕
plan 59	계획	quick 36	빠른
planet 32	행성	quiet 36	조용한
please 30	제발	quit 36	그만두다
pleasure 22	즐거움	quite 36	꽤
pocket 26	호주머니	quiz 36	간단한 시험
point 70	끝, 점	quote 36	인용하다

R

police 30	경찰		
pollute 85	더럽히다		
pool 30	웅덩이, 수영장	rabbit 19	토끼
poor 30	가난한	rank 55	계급, 등급
pork 33, 64	돼지고기	ratio 37	비율
port 33	항구	read 37	읽다
position 47	위치	ready 22, 37	준비된
pound 72	중량의 단위	really 37	정말로
pour 41	따르다, 쏟다	rear 71	뒤
present 47	현재(의), 선물	receive 65	받다
pretty 37, 78	예쁜	record 20, 21	녹음하다
pride 21, 68	자존심	recover 61	회복하다
print 37	인쇄하다	rectangle 40	직사각형
printer 63	인쇄기	recycle 39	재활용하다
prison 26, 76	감옥		

refrigerator 37	냉장고	sandwich 82	샌드위치
rejoice 70	기뻐하다	save 23, 42	구하다
relate 26	관련시키다	save a cat 83	고양이를 구하다
relax 45	긴장을 풀다	saw 33, 62	보았다
remember 31	기억하다	say 69	말하다
rent 22	집세	scare 58	겁내다
repair 58	수리하다	scene 39, 65	장면
repeat 35	반복하다	school 41	학교
report 35, 64	보고서, 보고(하다)	science 39	과학
request 36	신청하다	scissors 47	가위
require 36	요구하다	season 65	계절
result 85	결과	sell 30	팔다
return 37	돌려주다	send 21	보내다
reward 43	보답(하다)	senior 63	손위의
rich 37	부유한	servant 63	하인
ride 21	타다	service 42	봉사
right 80	옳은	shadow 34, 59	그림자
ring 26, 55	반지, 고리	shame 51	부끄러움
road 34	길	share 58	몫, 분배하다
roast 73	굽다	sharp 18, 51	날카로운
robe 19	긴 예복	she 51	그녀
roll 30	구르다	sheep 35, 65	양
roof 41	지붕	ship 51	배
room 41	방	shoes 47	신발
rope 37	밧줄	shop 51	가게
rose 37	장미	shouldn't 77	~하지 말아야 하는
rough 61, 81	거칠한	shout 72	외치다
royal 70	왕의	show 41	보여주다
rule 30	규칙	sick 20	아픈
run 29	달리다	side 21	쪽, 옆

S

		sigh 80	한숨 쉬다
		sight 40	시각, 보는 것
		sign 32	기호, 신호
sad 59	슬픈	simple 35	간단한
safe 23	안전(한)	sing 55	노래하다
saint 32	성인	single 24	단 하나의
salary 26, 60	봉급	sink 55	가라앉다
sale 69	판매	skate 28	스케이트(를 타다)
same 51, 69	같은	slight 68	근소한
sand 59	모래	smart 38	영리한

smoke 31	연기, 담배피우다	support 35	지원하다
smooth 41, 53	매끄러운	suppose 34, 73	가정하다
soap 73	비누	surprise 47	놀라게 하다
society 68	사회	survive 63	살아남다
soil 70	흙	swallow 30	삼키다
sort 38, 64	종류	sweat 40, 43	땀(을 내다)
sound 72	소리, 건전한	sweater 40	스웨터
sour 72	시큼한	sweet 43	달콤한
spa 18	온천	swim 43	헤엄치다
spaghetti 81	스파게티	swing 43	흔들(리)다
spare 58	용서하다, 예비의		
spark 18	불꽃		
speak 39, 65	말하다		

T

speech 52	연설	tag 59	꼬리표
spend 21	보내다	take 28	가져가다
spoil 70	망치다	take a bus 83	버스를 타다
spot 18	지점	talent 40	재능
square 36	광장, 정사각형	talk 33, 62	대화하다
squirrel 36	다람쥐	tall 30, 62	키가 큰
stair 58	계단	tank 55	탱크
star 18	별	task 59	업무
stare 58	노려보다	tattoo 41	문신
station 51	위치, 역	taxi 45	택시
steak 39	두껍게 썬 고기	tea 40	차
stick 82	막대기, 붙이다, 찌르다	tear 71	눈물
sting 55	찌르다, 쏘다	technique 28, 36	기법
stomach 28	위, 배	teenager 40	10대의 소년소녀
strength 55	힘	tell 30	이야기하다
stretch 52	늘이다	temple 31	신전
strictly 79	엄격히	than 53	~보다
string 55	끈, 줄	that 53	저(것)
student 40	학생	the 53	그
study 40	공부(하다)	their 53, 58	그들의
stuff 23	물질, 물건	then 53	그리고나서
sub- 19	하위의	there 53, 58	거기에
succeed 84	성공하다	they 53	그들이
sudden 21, 76	갑작스러운	thigh 80	허벅지
suggest 85	제안하다	thin 54	얇은
summer 31, 84	여름	thing 54	(어떤)것
supply 35	공급하다	think 28, 54	생각하다

thirsty 54	목마른	uncle 32	삼촌
this 53	이(것)	under 21	~의 아래에
thorough 80	철저한	unhappy 61	불행한
though 53	~일지라도	uniform 27, 46	유니폼
thought 80	생각, 생각했다	union 60	결합
three 54	3(의)	unique 28, 36	유일무이한
thrill 54	전율	unit 46	단일체
throat 54	목구멍	unite 27, 46	결합하다
through 80	~을 통하여	universe 27, 46	우주
throw 54	던지다	unkind 61	불친절한
tip 35	끝 부분, 조언	unless 22, 60	~이 아닌한
tired 71	피곤한	until 32	~할 때까지
toast 73	토스트	urgent 63	긴급한
today 40	오늘	use 39	사용하다
toe 34, 73	발가락	useful 27, 46	유용한
together 40	함께	usual 27, 46	보통의
toilet 70	화장실		
tongue 55	혀	## V	
tool 41	연장		
tooth 54	이빨	vacation 85	휴가
total 76	전체의	valley 26, 42	계곡
tough 61, 81	질긴, 강인한	value 42	가치
tour 41	관광 여행(하다)	various 42	가지각색의
toxic 45	독	vegetable 42	채소
toy 70	장난감	very 42	매우
track 28	철도, 경주로	vest 42	조끼
triangle 40	삼각형	view 42	바라봄, 시각
trip 35	여행(하다)	village 50	마을
trouble 61	곤란, 불편	visit 39	방문하다
truck 28	트럭	visual 42	시각의
true 41	진실의	voice 42, 70	목소리
tube 19	튜브, 관	voyage 70	항해(하다)
turn around 83	180도의 전환		
twelfth 43	12번 째의	## W	
twelve 43	12(의)		
twin 40	쌍둥이	wait 69	기다리다
		wake 43, 69	잠이 깨다
## U		walk 43, 62	걷다
		wallet 26	지갑
umbrella 41	우산	want to 82	~하기를 원하다

warm 43	따뜻한	xylography 44	목판 인쇄술
watch 52	지켜보다	xylophone 44	실로폰
water 78	물		
weak 65	약한		

wealth 54	부, 재산		
weather 22	날씨	yard 27, 46	마당
week 43	1주	year 27, 46, 71	연도
weigh 80	무게가 나가다	yellow 30	노란색
weight 69, 80	무게	yes 27, 46	네 (동의 할 때)
where 58	어디	yet 27, 46	아직
whether 22	~인지 어떤지	young 27, 46	젊은
whistle 79	휘파람 불다	youth 27, 46	젊음
who 25	누구		
whole 25	전체의		

why 43	왜		
wide 68	폭이 넓은	zealous 47	열심인
wing 55	날개	zebra 47	얼룩말
wink 55	눈을 깜박이다	zero 47	0(의)
witch 52	마녀	zipper 47	지퍼
with 53	~과 함께	zone 47	지역
without 53	~없이	zoo 41, 47	동물원
wonderful 43	훌륭한, 이상한	zoom 47	급등하다, 확대하다
wood 41	나무		
word 21, 43	단어		
work 43	일하다		
world 43	세계		
worm 43	벌레		
would you? 83	~하려고 합니까?		
wrap 37	감싸다		
wrestling 79	레슬링		
wrist 37	손목		

xanadu 44	이상향
xenophilia 44	외국(인) 선호함
xenophobia 44	외국(인) 싫어함
Xerox 44	제록스(로 복사하다)
xylitol 44	크실리톨(자일리톨)
xylograph 44	목판(화)